Impressum
Verlag: BABADADA GmbH, Nedderfeld 112 , 22529 Hamburg
Geschäftsführer / Verlagsleitung: Harald Hof
Druck: Books on Demand GmbH, In de Tarpen 42, 22848 Norderstedt

Imprint
Publisher: BABADADA GmbH, Nedderfeld 112 , 22529 Hamburg, Germany
Managing Director / Publishing direction: Harald Hof
Print: Books on Demand GmbH, In de Tarpen 42, 22848 Norderstedt, Germany

shkolla
škola

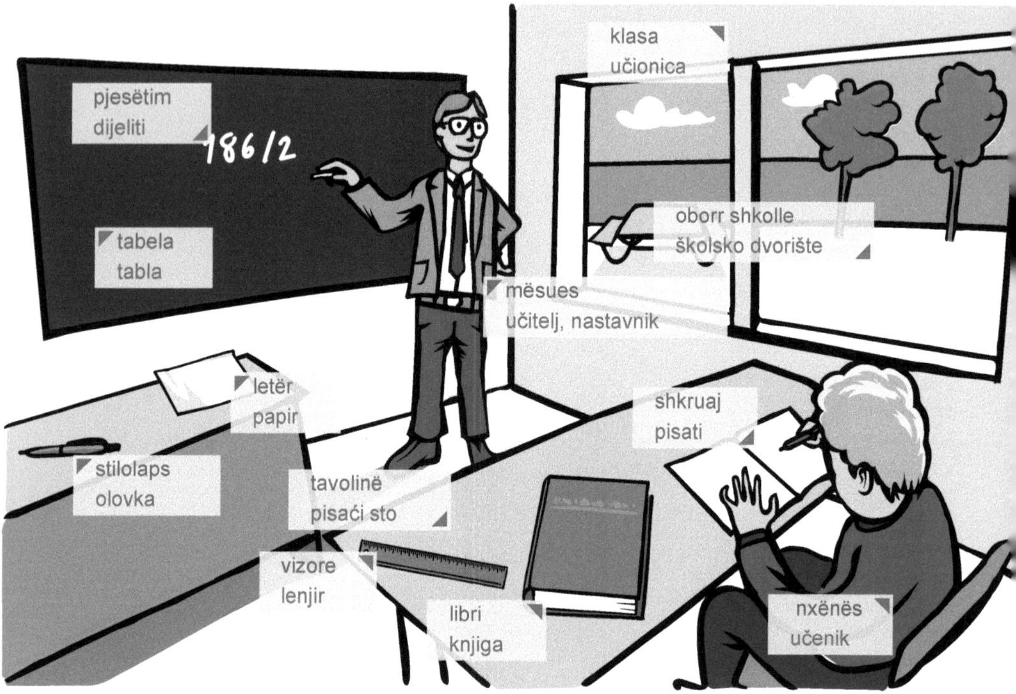

klasa
učionica
pjesëtim
dijeliti
186/2
tabela
tabla
oborr shkolle
školsko dvorište
mësues
učitelj, nastavnik
letër
papir
shkruaj
pisati
stilolaps
olovka
tavolinë
pisaći sto
vizore
lenjir
libri
knjiga
nxënës
učenik

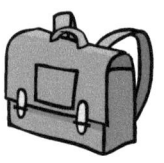

çantë
torba

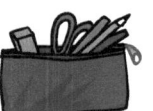

mbajtëse lapsash
pernica

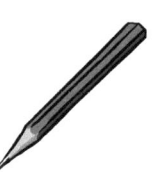

laps
drvena olovka

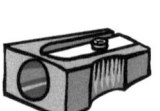

mprehës lapsash
šiljalo za olovke

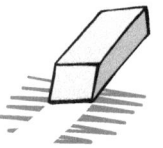

gomë
gumica

fletore vizatimi
blok za crtanje

vizatim
crtež

penel
kist

kuti bojërash
kutija s bojama

gërshërë
makaze

ngjitës
ljepilo

fletore detyrash
vježbanka

detyrë shtëpie
domaća zadaća

12

numër
broj

2+2

mbledh
sabirati

5-2

zbres
oduzimati

2×2

shumëzoj
množiti

llogaris
računati

A

gërmë
slovo

ABCDEFG
HIJKLMN
OPQRSTU
VWXYZ

alfabeti
abeceda

hello

fjalë
riječ

tekst

tekst

lexoj

čitati

shkumës

kreda

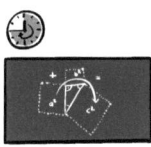

mësim

sat

regjistër

školski dnevnik

provim

ispit

çertifikatë

svjedočanstvo

uniformë shkolle

školska uniforma

arsimim

izobrazba

enciklopedia

leksikon

universitet

univerzitet

mikroskop

mikroskop

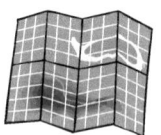

hartë

karta

kosh letrash

korpa za papir

udhëtim
putovanje

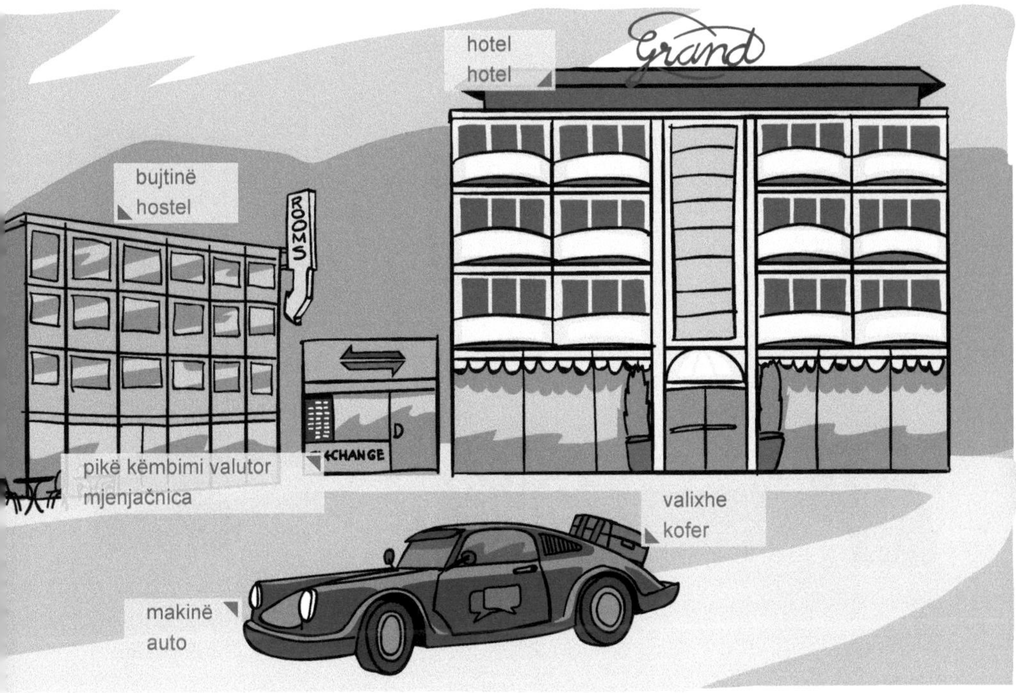
hotel
hotel
Grand
bujtinë
hostel
ROOMS
EXCHANGE
pikë këmbimi valutor
mjenjačnica
valixhe
kofer
makinë
auto

gjuhë

jezik

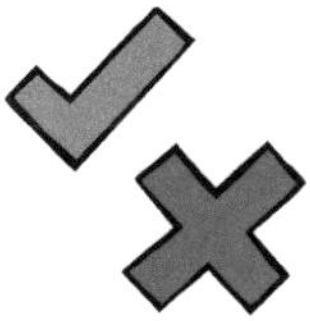

po / jo

da / ne

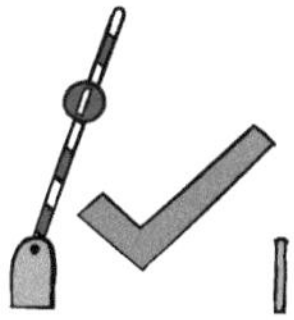

Në rregull

okej

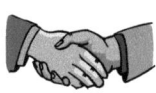

ç'kemi

zdravo

përkthyes

tumač

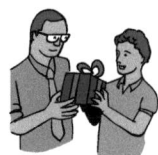

Faleminderit

hvala

sa kushton…?

Koliko košta…?

nuk e kuptoj

Ne razumijem

problem

problem

Mirëmbrëma!

dobro veče!

Mirëmëngjes!

Dobro jutro!

Natën e mirë!

Laku noć!

mirupafshim

doviđenja

drejtim

smjer

bagazhet

prtljag

çantë

torba

çantë shpine

ruksak

mysafir

gost

dhomë

soba

thes gjumi

vreća za spavanje

tendë

šator

informacion për turistët

turističke informacije

plazh

plaža

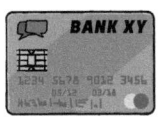

kartë krediti

kreditna kartica

mëngjes

doručak

drekë

ručak

darkë

večera

Biletë

putna karta

ashensor

lift

pulla

poštanska markica

kufi

granica

doganë

carina

ambasadë

ambasada

vizë

viza

pasaportë

pasoš

transport

transport

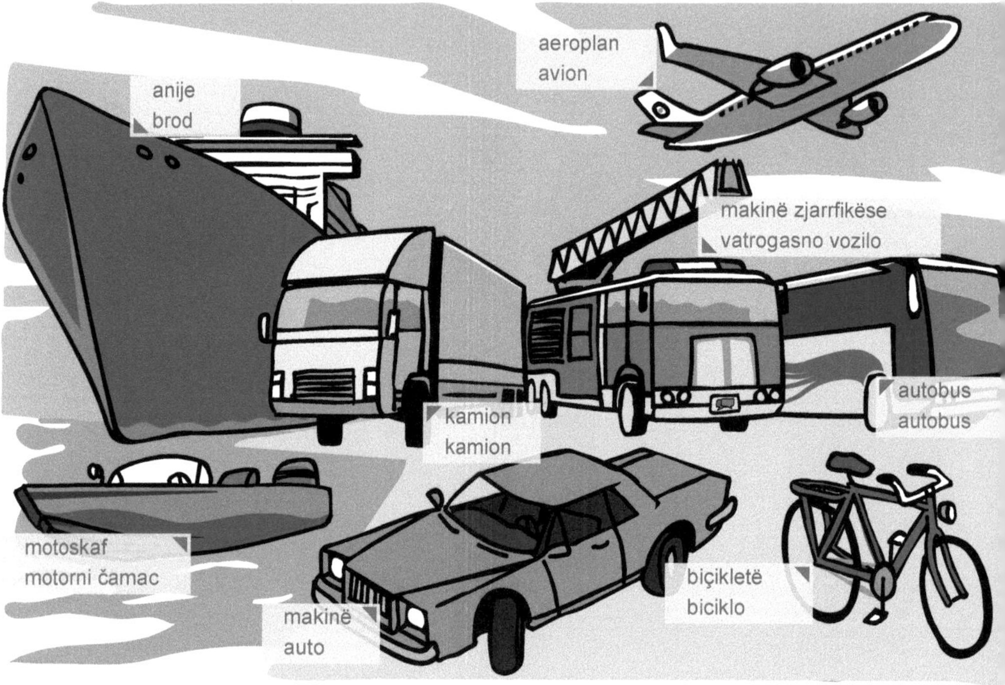
aeroplan
avion
anije
brod
makinë zjarrfikëse
vatrogasno vozilo
autobus
autobus
kamion
kamion
motoskaf
motorni čamac
biçikletë
biciklo
makinë
auto

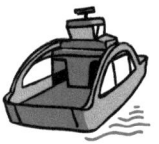

traget

trajekt

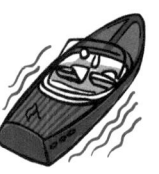

varkë

brod

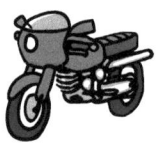

motoçikletë

motocikl

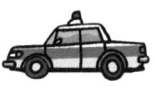

makinë policie

policijski automobil

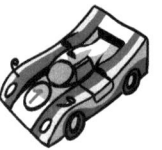

makinë garash

trkaći automobil

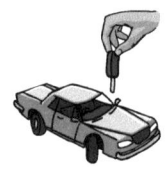

makinë me qira

unajmljeni automobil

arje e qirasë së makinës
kar-šering

karroatrec
pauk

makinë plehrash
smećarsko vozilo

motor
motor

benzinë
gorivo

pikë karburanti
benzinska pumpa

sinjalistikë trafiku
saobraćajni znak

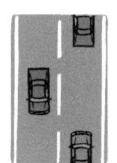

trafik
saobraćaj

bllokim trafiku
zastoj

parkim makinash
parking

stacion treni
željeznička stanica

trase
šine

tren
voz

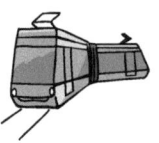

tramvaj
tramvaj

karro
vagon

helikopter

helikopter

aeroport

aerodrom

kullë

toranj

pasagjer

putnik

kontenier

kontejner

kuti kartoni

karton

qerre

tačke

shportë

korpa

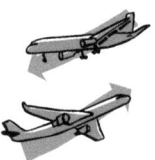

ngrihem / ulem

poletjeti / sletjeti

qytet
grad

fshat

selo

qendra e qytetit

centar grada

shtëpi

kuća

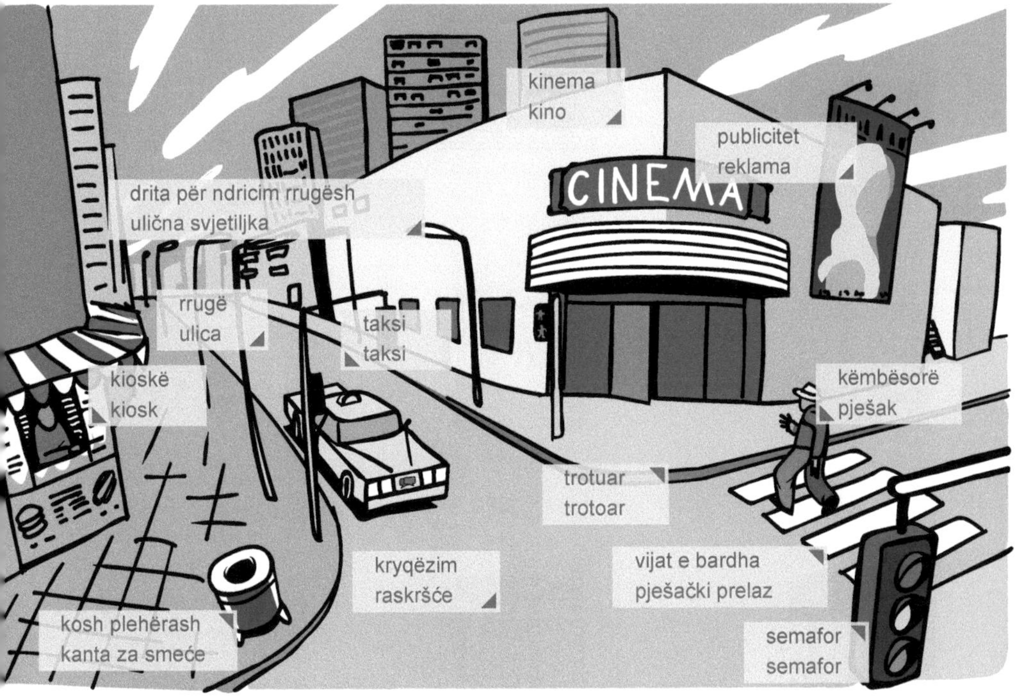

kinema
kino

publicitet
reklama

drita për ndricim rrugësh
ulična svjetiljka

rrugë
ulica

taksi
taksi

kioskë
kiosk

këmbësorë
pješak

trotuar
trotoar

kryqëzim
raskršće

vijat e bardha
pješački prelaz

kosh plehërash
kanta za smeće

semafor
semafor

kasolle

koliba

apartament

stan

stacion treni

željeznička stanica

bashki

vjećnica

muze

muzej

shkolla

škola

qytet - grad

11

universitet

univerzitet

bankë

banka

spital

bolnica

hotel

hotel

farmaci

apoteka

zyrë

ured

librari

knjižara

dyqan

radnja

dyqan lulesh

cvjećara

supermarket

supermarket

market

pijaca

mapo

robna kuća

dyqan peshku

prodavač ribe

qëndër tregtare

trgovački centar

port

luka

park
park

stol
klupa

urë
most

shkallë
stepenice

metro
podzemna željeznica

tunel
tunel

stacion autobuzi
autobuska stanica

bar
bar

restorant
restoran

kuti postare
poštanski sandučić

sinjalistikë rrugore
saobraćajni znak

kohëmatës parkimi
sat za naplatu parkinga

kopsht zoologjik
zološki vrt

pishinë
bazen

xhami
džamija

fermë
....
seosko imanje

ndotje
....
zagađenje okoline

varrezë
....
groblje

kishë
....
crkva

shesh lojërash
....
igralište

tempull
....
hram

peisazh
krajolik

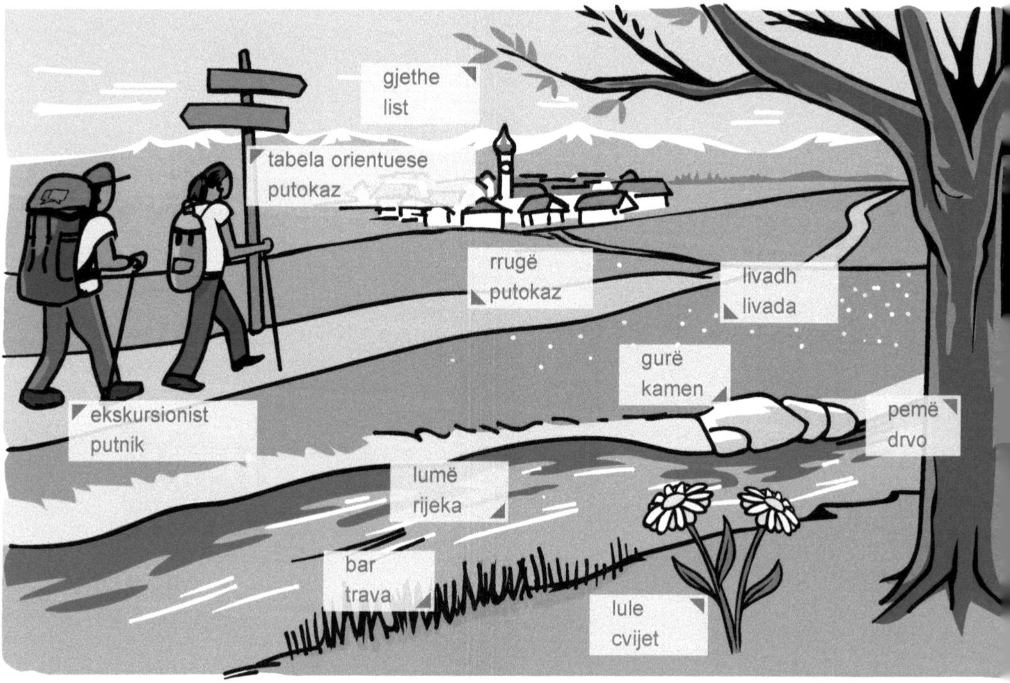

gjethe
list

tabela orientuese
putokaz

rrugë
putokaz

livadh
livada

gurë
kamen

pemë
drvo

ekskursionist
putnik

lumë
rijeka

bar
trava

lule
cvijet

luginë
dolina

kodër
brdo

liqen
jezero

pyll
šuma

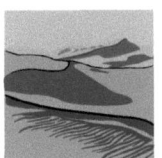

shkretëtirë
pustinja

vullkan
vulkan

kështjellë
dvorac

ylber
duga

kepudhë
gljiva

palmë
palma

mushkonjë
komarac

mizë
muha

milingonë
mrav

bletë
pčela

merimangë
pauk

peisazh - krajolik

15

brumbull
buba

bretkosë
žaba

ketër
vjeverica

iriq
jež

lepur
zec

buf
sova

zog
ptica

mjellmë
labud

derr i egër
divlja svinja

dre
jelen

dre brilopatë
los

digë
brana

turbinë ere
vjetrenjača

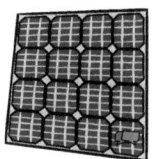

panel diellor
solarni modul

klimë
klima

restorant

restoran

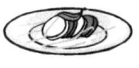

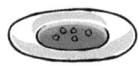

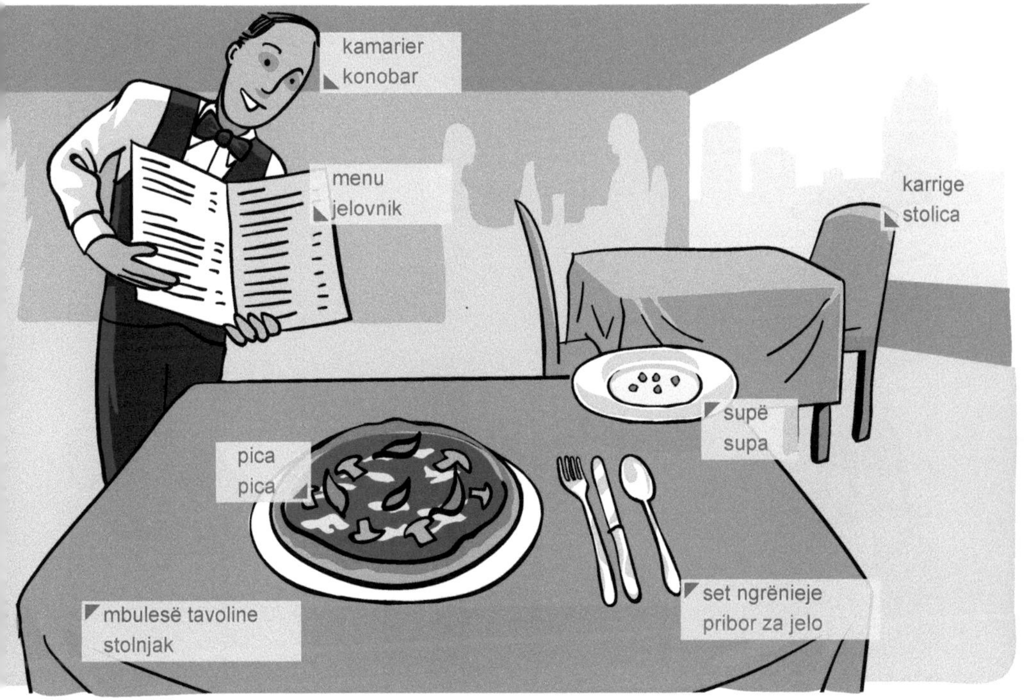
kamarier
konobar
menu
jelovnik
karrige
stolica
supë
supa
pica
pica
mbulesë tavoline
stolnjak
set ngrënieje
pribor za jelo

pjatë e parë

predjelo

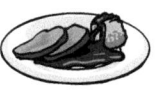

pjatë kryesore

glavno jelo

ëmbëlsirë

desert

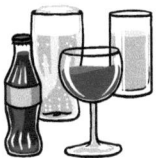

pije

piće

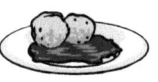

ushqim

jelo

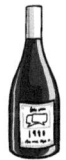

shishe

flaša

ushqim i shpejtë

brza hrana

ushqim i shërbyer në rrugë

jelo sa ulice

ibrik çaji

čajnik

kuti sheqeri

šećernica

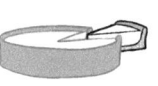

racion

porcija

makinë kafeje ekspres

mašina za espreso

karrige e lartë

barska stolica

faturë

račun

tabaka

tacna

thika

nož

pirun

viljuška

lugë

kašika

lugë çaji

kašičica

pecetë

salveta

gotë

čaša

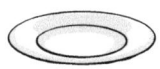

pjatë
tanjir

pjatë supe
tanjir za supu

pjatë filxhani
tanjurić

salcë
sos

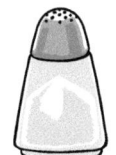

mbajtëse kripe
solanik

mulli piperi
mlin za biber

uthull
sirće

vaj
ulje

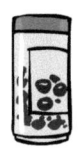

erëza
začini

keçap
kečap

mustardë
senf

majonezë
majoneza

supermarket
supermarket

ofertë speciale
ponuda
FOR
klient
klijent
produkte bulmeti
mliječni proizvodi
frut
voće
karrocë pazari
kolica za kupovinu

BUTCHERS

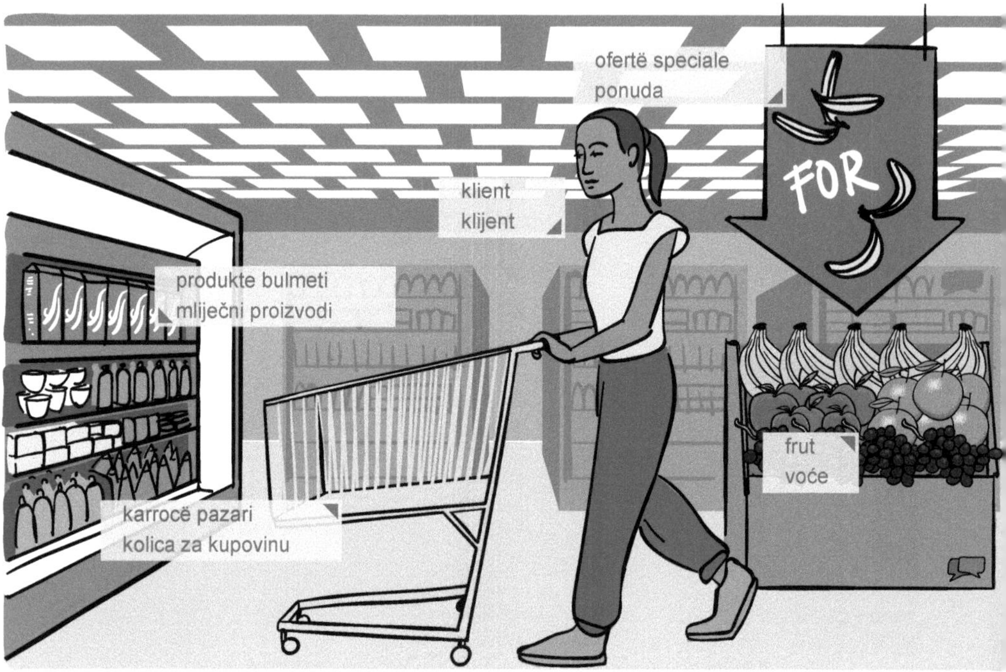

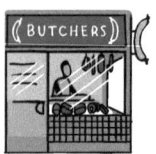

dyqan mishi

mesnica- klaonica

BAKERY

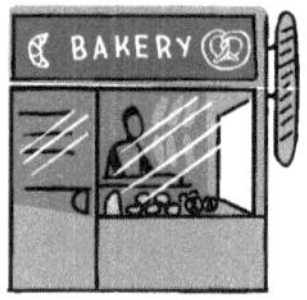

furrë buke

pekara

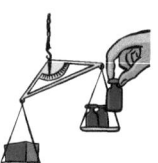

peshoj

vagati

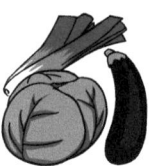

perime

povrće

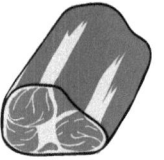

mish

meso

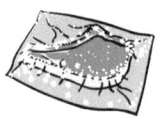

ushqim i ngrirë

zaleđena hrana

copë

narezak

ushqim i konservuar

konzerve

pluhur larës

prašak za veš

ëmbëlsirat

slatkiši

prodhime shtëpie

kućanski proizvodi

produkte pastrimi

sredstvo za čišćenje

shitëse

prodavačica

kasë fiskale

kasa

arkëtar

blagajnik

listë blerjeje

lista za kupovinu

oraret e punës

radno vrijeme

portofol

novčanik

kartë krediti

kreditna kartica

çantë

torba

qese plastike

najlonska vrećica

ujë

voda

lëng frutash

sok

qumësht

mlijeko

koka-kola

kola

verë

vino

birrë

pivo

alkool

alkohol

kakao

kakao

çaj

čaj

kafe

kafa

kafe ekspres

espreso

kapuçino

kapućino

banane

banana

mollë

jabuka

portokalle

narandža

pjepër

lubenica

limon

limun

karrotë

mrkva

hudhër

bijeli luk

bambu

bambus

qepë

crveni luk

kërpudha

gljiva

arra

orašasti plodovi

makarona

pasta

spageti

špagete

oriz

riža

sallatë

salata

patate të skuqura

pomfrit

patate të skuqura

pečeni krompir

pica

pica

hamburger

hamburger

sanduiç

sendvič

shnicel

šnicla

proshutë

šunka

sallam

kobasica

salçiçe

kobasica

pulë

kokoš

skuq

pečenje

peshk

riba

tërshërë
zobene pahuljice

drithëra
muzli

kornfleiks
kornfleks

miell
brašno

kruasant
kroason

panine
zemičke

bukë
kruh

tost
tost

biskotë
keksi

gjalp
maslac

gjizë
svježi sir

tortë
kolač

vezë
jaje

vezë sy
jaje na oko

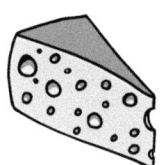

djathë
sir

ushqim - jelo

25

akullore

sladoled

sheqer

šećer

mjaltë

med

marmaladë

marmelada

çokokrem

nugat krema

këri

kuri

shtëpi fermë
seoska kuća

deng bari
bale sjena

hangar
sjenik

fushë
polje

kal
konj

rimorkio
prikolica

kërriç
ždrijebe

traktor
traktor

gomar
magarac

dele
ovca

qengj
jagnje

dhi

koza

lopë

krava

viç

tele

derr

svinja

derrkuc

prase

dem

bik

patë
guska

rosë
patka

zog pule
pile

pulë
kokoška

gjel
pjetao

mi
pacov

mace
mačka

mi
miš

buall
vol

qen
pas

kolibe qeni
pseća kućica

zorrë vaditëse
crijevo za baštu

vaditëse
kanta za zalijevanje

kosë
kosa

plug
plug

drapër
srp

shat
motika

kosa
vile

sëpatë
sjekira

karrocë
tačke

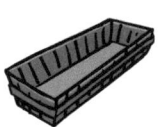

govatë
korito

bidon qumështi
bokal za mlijeko

thes
vreća

gardh
ograda

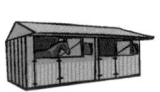

ahur
štala

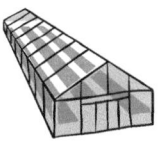

serë
staklenik

dhe
tlo

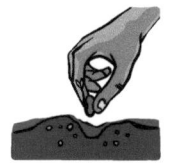

farë
sjeme

pleh
đubrivo

autokombanjë
kombajn

korr
kositi

te korrat
žetva

patate e ëmbël "Yam"
jam korijen

grurë
pšenica

soja
soja

patate
krompir

misër
kukuruz

raps
uljana repica

pemë frutore
drvo voća

zhardhok manioku
manioka

drithëra
žito

fermë - seosko imanje

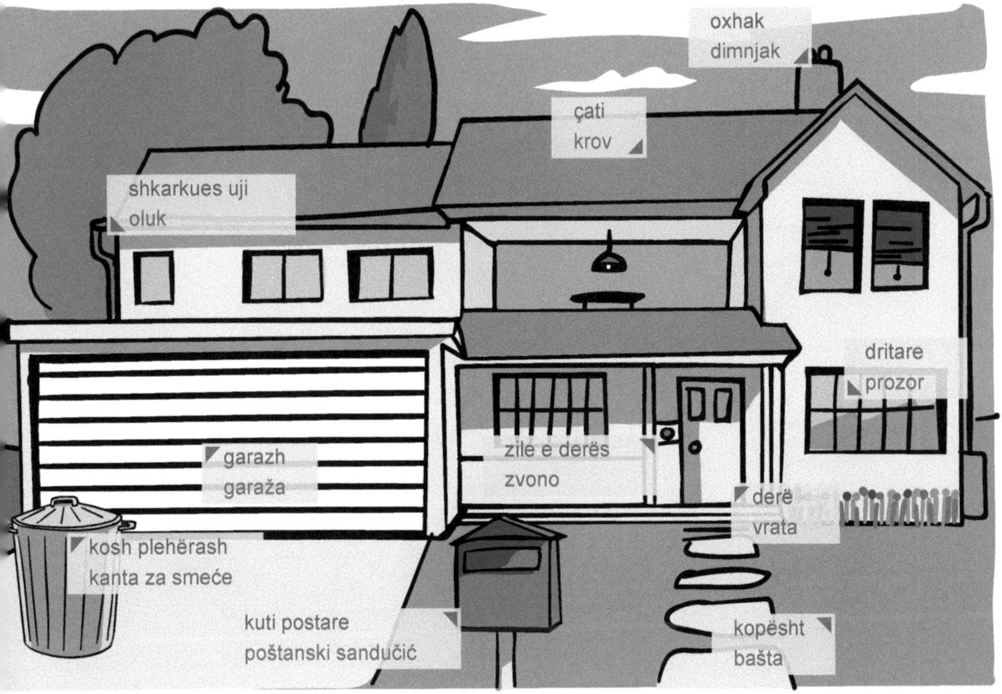

oxhak
dimnjak

çati
krov

shkarkues uji
oluk

dritare
prozor

garazh
garaža

zile e derës
zvono

derë
vrata

kosh plehërash
kanta za smeće

kuti postare
poštanski sandučić

kopësht
bašta

dhomë ndenjeje

dnevni boravak

tualet

kupatilo

kuzhinë

kuhinja

dhomë gjumi

spavaća soba

dhomë fëmijësh

dječija soba

dhomë ngrënieje

trpezarija

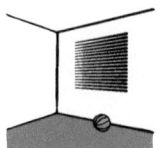

dysheme

pod, tlo

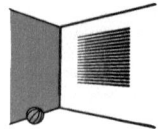

mur

zid

tavan

plafon

bodrum

podrum

sauna

sauna

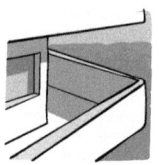

ballkon

balkon

tarracë

terasa

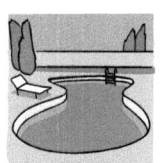

pishinë

bazen

kositëse bari

kosilica

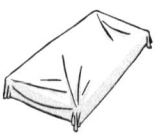

çarçaf

posteljina

kuvertë

pokrivač

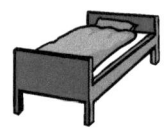

krevat

krevet

fshesë dore

metla

kovë

kanta

çelës

prekidač

dhomë ndenjeje
dnevni boravak

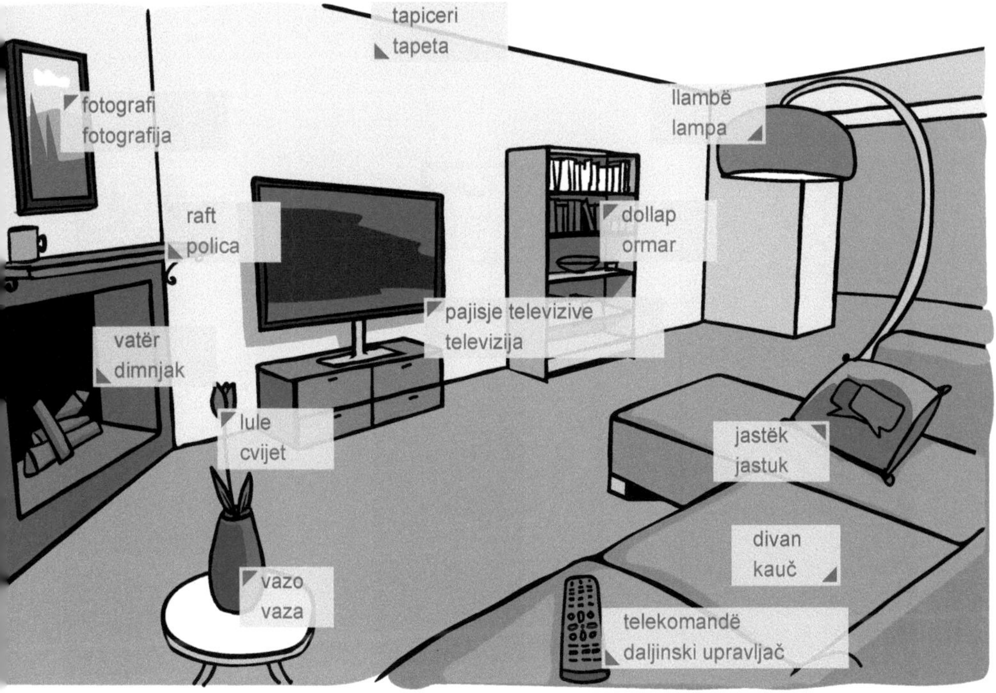

tapiceri
tapeta
fotografi
fotografija
llambë
lampa
raft
polica
dollap
ormar
pajisje televizive
televizija
vatër
dimnjak
lule
cvijet
jastëk
jastuk
divan
kauč
vazo
vaza
telekomandë
daljinski upravljač

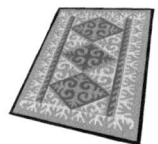

qilim

tepih

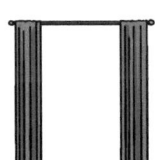

perde

zavjesa

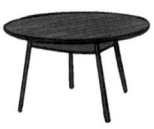

tavolinë

stol

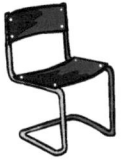

karrige

stolica

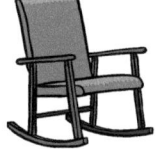

karrige lëkundëse

stolica za ljuljanje

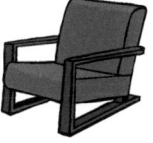

kolltuk

fotelja

libri
knjiga

batanije
deka

zbukurime
dekoracija

dru zjarri
ložno drvo

film
film

stereo
stereo uređaj

çelës
ključ

gazetë
novine

pikturë
umjetnička slika

afishe
poster

radio
radio

bllok shënimesh
blok za bilješke

fshesë me korent
usisavač

kaktus
kaktus

qiri
svijeća

dhomë ndenjeje - dnevni boravak

kuzhinë
kuhinja

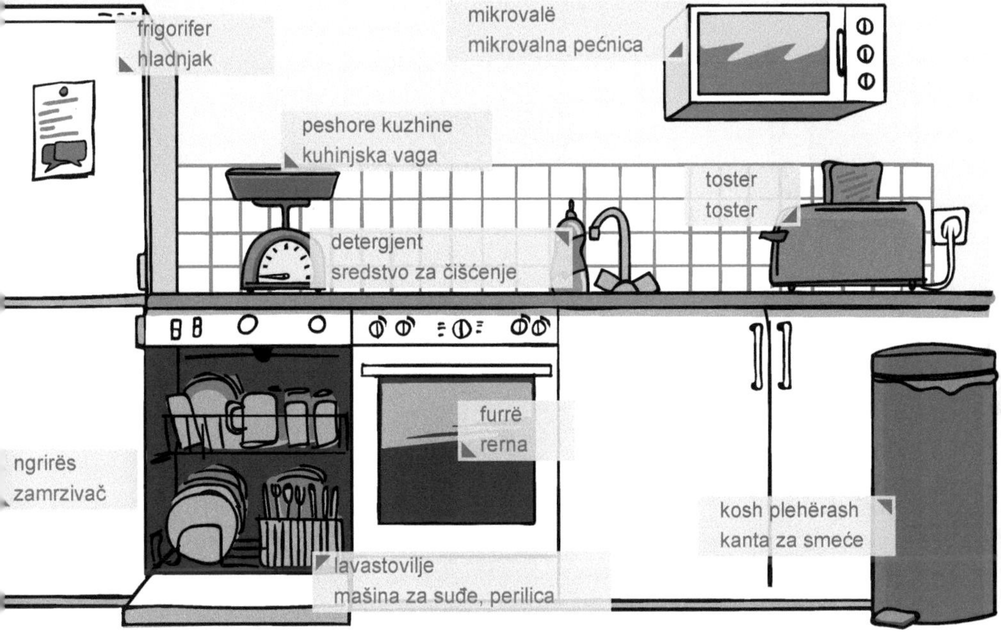
frigorifer
hladnjak
mikrovalë
mikrovalna pećnica
peshore kuzhine
kuhinjska vaga
toster
toster
detergjent
sredstvo za čišćenje
furrë
rerna
ngrirës
zamrzivač
kosh plehërash
kanta za smeće
lavastovilje
mašina za suđe, perilica

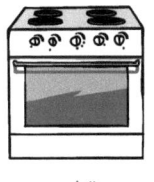

sobë

peć

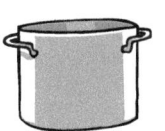

tenxhere

lonac

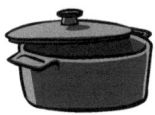

tenxhere me kapak

metalni lonac

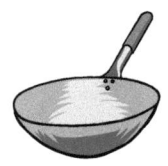

tigan special (Wok)

vok / kadai

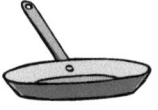

tigan

tava, tiganj

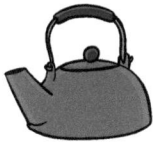

çajnik

kuhalo

tenxhere me avull

aparat za kuhanje na pari

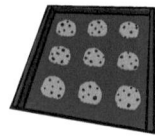

tavë pjekjeje

lim za pečenje

enë

posuđe

filxhan

šalica

tas

činija

shkopinj

kineski štapići

garuzhde

kutlača

spatul

lopatica

tel kuzhine

metlica za snijeg bjelanjca

kulluese

sito za kuhanje

sitë

sito

rende

ribež

havan

avan s tučkom

skarë

roštilj

zjarr

ložište

kuzhinë - kuhinja

dërrasë për prerje

daska

okllai

oklagija

heqëse tapash

vadičep

kanaçe

konzerva

hapëse kanaçeje

otvarač za konzerve

rrobë për të kapur tenxheren

krpe za lonac

lavaman

sudoper

furçë

četka

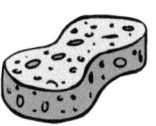

sfungjer

spužva

përzjerës

mikser

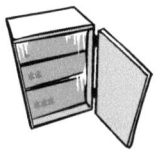

ngrirës

zamrzivač

biberon për lëngje

flašica za bebu

rubinet

slavina

tualet
kupatilo

ngrohje
grijanje
peshqirë
peškir
dush
tuš
perde dushi
zavjesa za tuš
vaskë me shkumë
pjenušava kupka
vaskë
kada
gotë
čaša
lavatriçe
mašina za veš
rubinet
slavina
pllaka
pločice
oturak
dječja kahlica
lavaman
sudoper

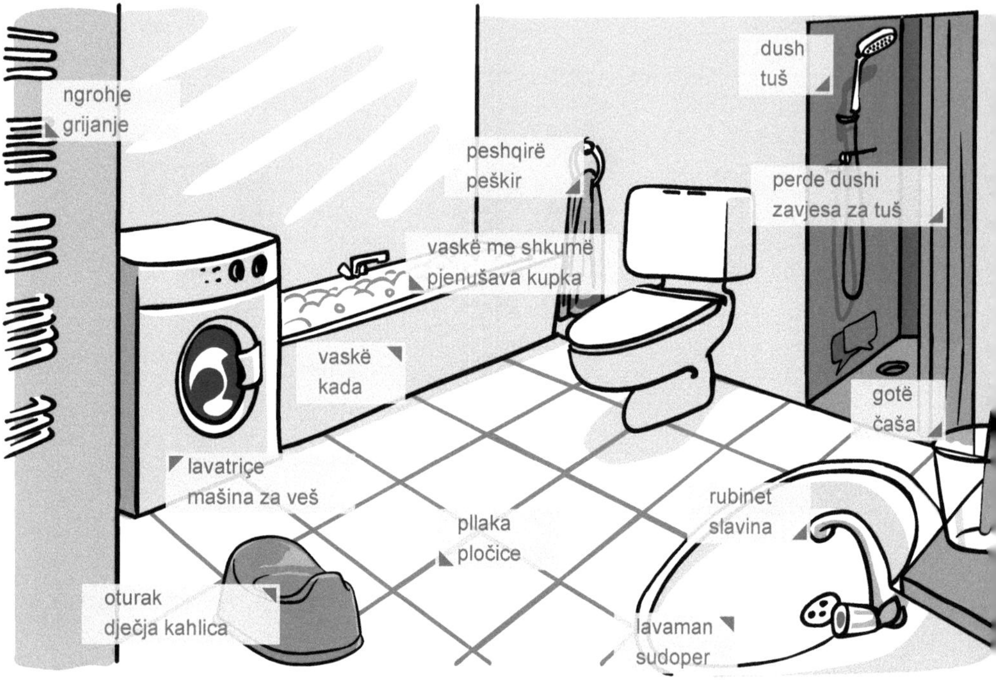

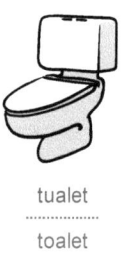

tualet
toalet

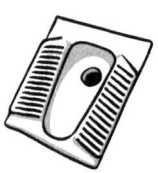

WC e sheshtë
čučavac

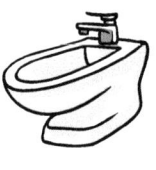

bide
bide

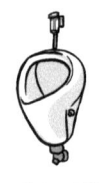

tualet publik
pisoar

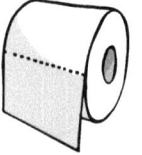

letër higjienike
toalet papir

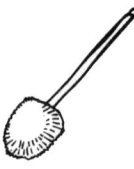

furçe për WC
četka za wc

furçë dhëmbësh

çetkica za zube

pastë dhëmbësh

pasta za zube

fije dentare

zubni konac

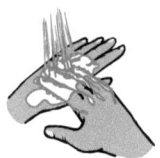

laj

prati

dorezë dushi

tuš

larës për zonën intime

intimni tuš

legen

lavor

furçë për masazh shpine

çetka za leđa

sapun

sapun

shampo trupi

gel za tuširanje

shampo

šampon

leckë pastruese

krpe za pranje

kullues

odvod

krem

krema

antidjersë

dezodorans

pasqyrë
ogledalo

pasqyrë dore
ogledalo za šminkanje

brisk rroje
brijač

shkumë rroje
pjena za brijanje

locion pas rrojes
vodica poslije brijanja

krehër
češalj

furçë
četka

tharëse flokësh
fen

llak për flokët
sprej za kosu

grim
puder

buzëkuq
karmin

manikyr
lak za nokte

mbushje pambuku
vata

gërshërë për thonj
makazice za nokte

parfum
parfem

ntë për sendet personale

kozmetička torbica

Stol

hoklica

peshore

vaga

robëdëshambër

kupaći ogrtač

dorashka gome

rukavice za čišćenje

tampon

tampon

peceta higjienike

uložak za dame

tualet I lëvizshëm

hemijski toalet

dhomë fëmijësh

dječija soba

orë me zile
budilnik
lodra me pellushë
plišana igračka
makinë lodër
auto za igru
rraketake
zvečka
shtëpi kukullash
kućica za lutke
dhuratë
poklon

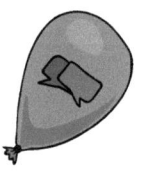

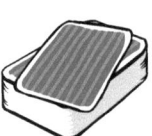

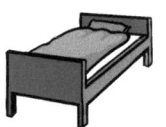

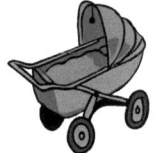

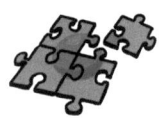

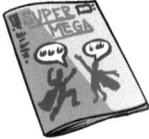

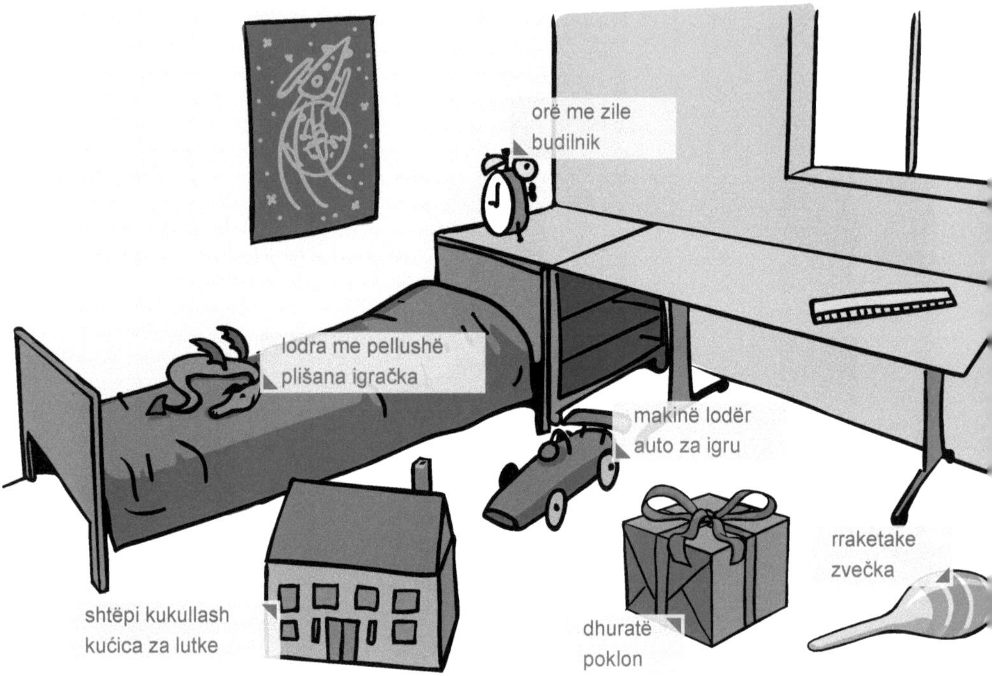

tollumbace

balon

krevat

krevet

karrocë fëmijësh

kolica za djecu

lojë me letra

karte za igranje

bashkim pjesësh me figura

puzle

SUPER MEGA

komik

strip

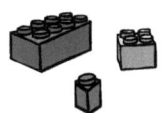

formuese lodër

lego kockice

kuba plastikë

kockice za gradnju

lodra

akcione figure

badi

benkica

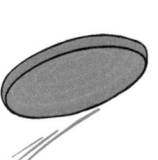

frizbi

frizbi

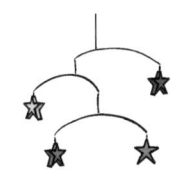

lodra të varura tek krevati i
fëmijëve

mobile

tavolinë lojërash

igra na ploči

zare

kocka

model treni

miniatura željeznice

biberon

cucla

festë

zabava

libër me ilustrime

slikovnica

top

lopta

kukull

lutka

luaj

igrati

grumbull rëre
pješćanik

kolovarëse
ljuljačka

lodra
igračke

leva për lojra video
konzola za igru

triçikël
triciklo

arush prej pellushi
medvjedić

garderobë
ormar

çorape
kratke čarape

çorape të gjata
čarape

geta
hulahopke

shall
šal

çadër
kišobran

rrip
kaiš

bluzë pa jakë
majica kratkih rukava

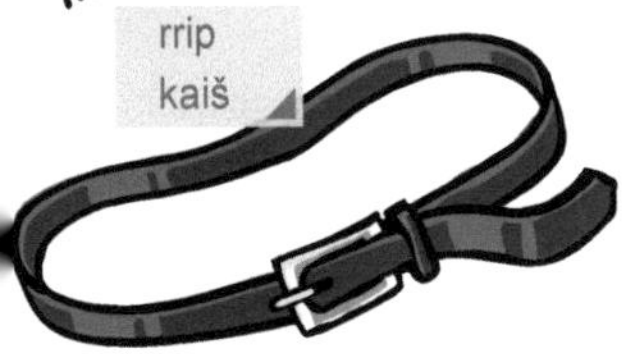

atlete
patike

çizme
čizme

pantofla
papuče

sandale
sandale

këpucë
cipele

çizme llastiku
gumene čizme

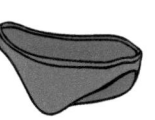

të mbathura
gaće

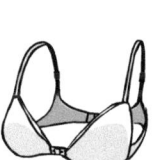

reçipeta
grudnjak

kanotierë
potkošulja

trup
bodi

pantallona
hlače

xhinse
farmerke

fund
suknja

bluzë
bluza

këmishë
košulja

pulovër
džemper

triko
majica

xhaketë
sako

xhaketë
jakna

pallto
mantil

mushama shiu
kišni mantil

kostum
kostim

fustan
haljina

fustan nusërie
vjenčanica

kostum
odijelo

këmishë nate
spavaćica

pizhama
pidžama

ari (veshje tradicionale
indiane)
sari

shami koke
marama

çallmë
turban

shje për femrat e besimit
musliman
burka

kaftan (lloj veshjeje
tradicionale)
kaftan

ferexhe
abaja

kostum banje
kupaći kostim

rroba banje
kupaće gaće

pantallona të shkurtra
kratke hlače

tuta sporti
trenerka

përparëse
pregača

dorashka
rukavice

kopsë

dugme

syze

naočare

byzylyk

narukvica

gjerdan

ogrlica

unazë

prsten

vath

naušnica

kapuç

kapa

varëse për pallto

vješalica

kapele

šešir

kravatë

kravata

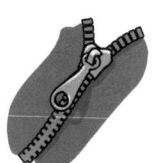

zinxhir

patentni zatvarač

helmetë

kaciga

tiranda

tregeri za hlače

uniformë shkolle

školska uniforma

uniformë

uniforma

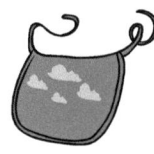

gushore

podbradak

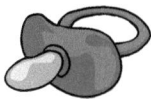

biberon

cucla

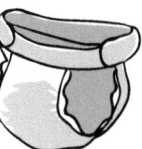

pelenë

pelene

zyrë
ured

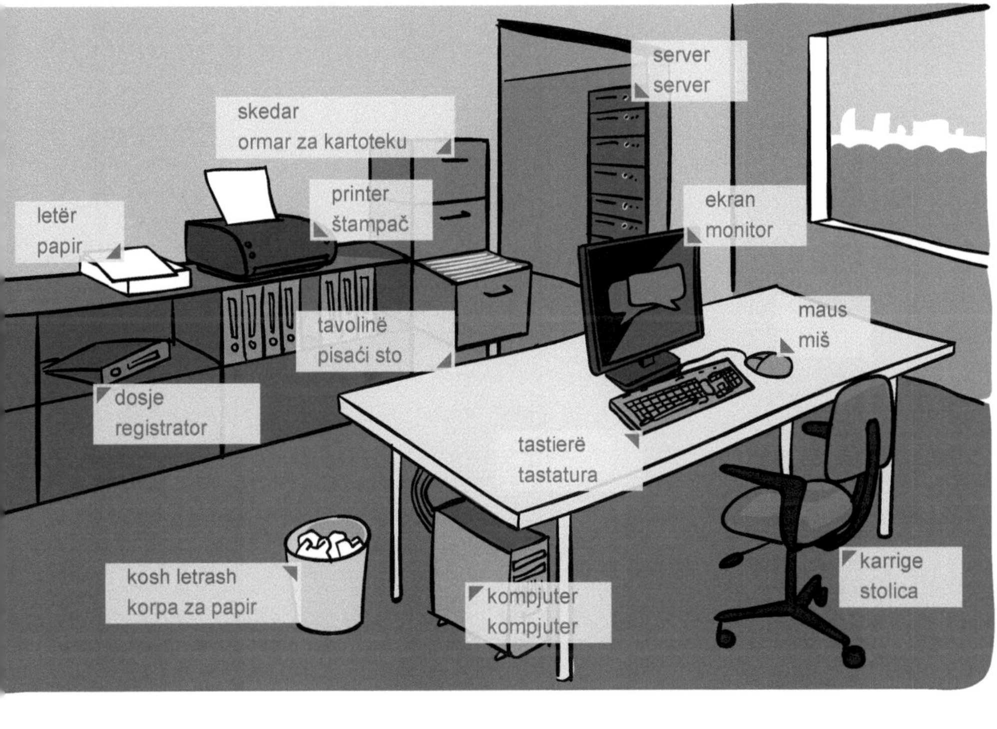
server
server
skedar
ormar za kartoteku
printer
štampač
letër
papir
ekran
monitor
maus
miš
tavolinë
pisaći sto
dosje
registrator
tastierë
tastatura
kosh letrash
korpa za papir
kompjuter
kompjuter
karrige
stolica

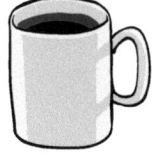

filxhan kafeje

šolja za kafu

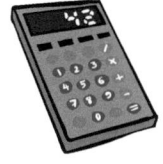

makinë llogaritëse

kalkulator

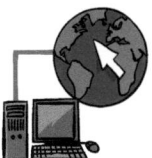

internet

internet

kompjuter portativ
laptop

letër
pismo

mesazh
poruka

telefon
mobilni telefon

rrjet
mreža

fotokopje
aparat za kopiranje

program
softver

telefon
telefon

prizë
utičnica

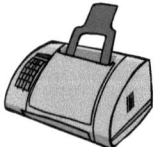

pajisje faksi
faks

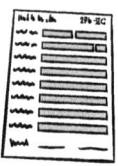

formular
formular

dokument
dokument

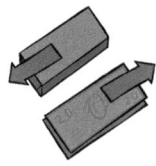

blej
....
kupovati

paguaj
....
platiti

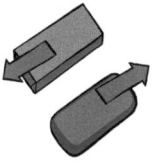

tregtoj
....
trgovati

para
....
novac

dollar
....
dolar

euro
....
euro

jen
....
jen

rubla
....
rublja

franga zvicerane
....
franak

juani kinez
....
renminbi jen

rupje
....
rupi

bankomat
....
bankomat

pikë këmbimi valutor

mjenjačnica

ar

zlato

argjend

srebro

nafta

nafta

energji

energija

çmim

cijena

kontratë

ugovor

taksë

porez

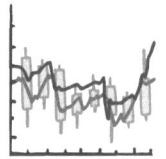

aksione

akcija

punoj

raditi

punonjës

službenik

punëdhënës

poslodavac

fabrikë

fabrika

dyqan

radnja

profesionet
zanimanja

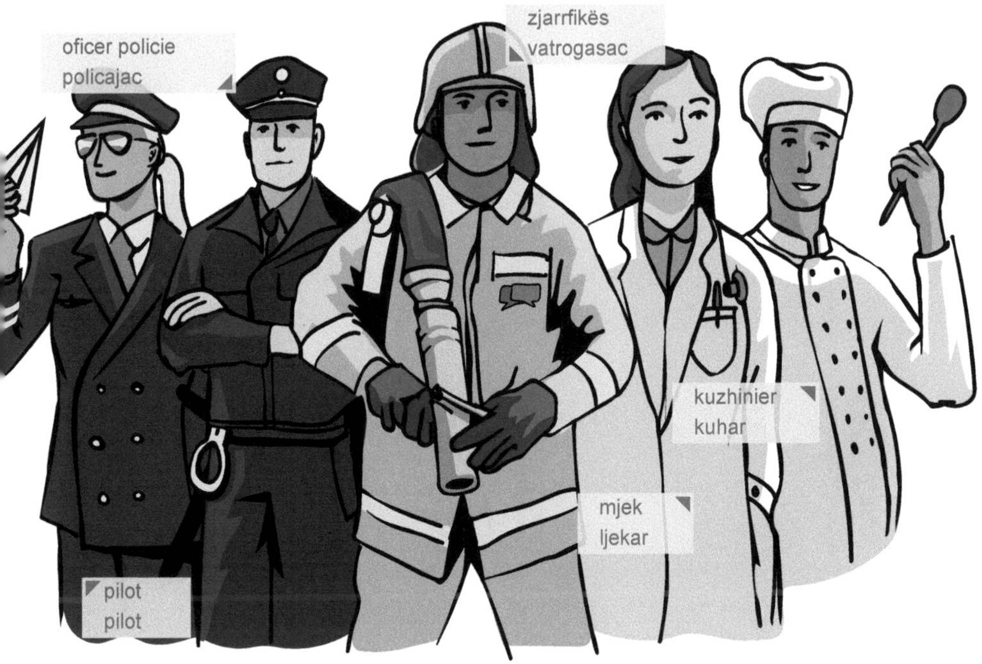
zjarrfikës
vatrogasac
oficer policie
policajac
kuzhinier
kuhar
mjek
ljekar
pilot
pilot

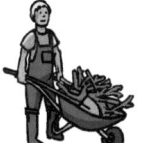

kopshtar

baštovan

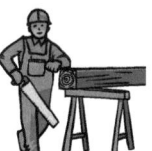

marangoz

stolar

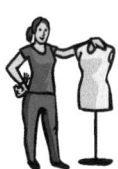

rrobaqepëse

krojačica

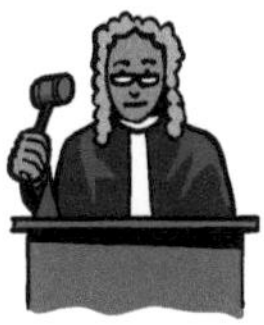

gjykatës

sudija

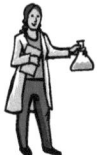

kimist

hemičar

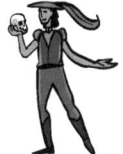

aktor

glumac

shofer autobuzi

vozač autobusa

taksist

vozač taksija

peshkatar

ribar

pastruese

čistačica

riparues çatish

krovopokrivač

kamarier

konobar

gjuetar

lovac

piktor

moler

furrxhi

pekar

elektriçist

električar

ndërtues

građevinski radnik

inxhinier

inženjer

kasap

koljač

hidraulik

limar, vodoinstalater

postieri

poštar

ushtar
vojnik

arkitekt
arhitekta

arkëtar
blagajnik

luleshitës
cvjećar

berber
frizer

kontrollor
kontrolor

mekanik
mehaničar

kapiten
kapiten

dentist
zubar

shkencëtar
naučnik

rabin
rabin

imam
imam

murg
monah

klerik
sveštenik

mjete
alat

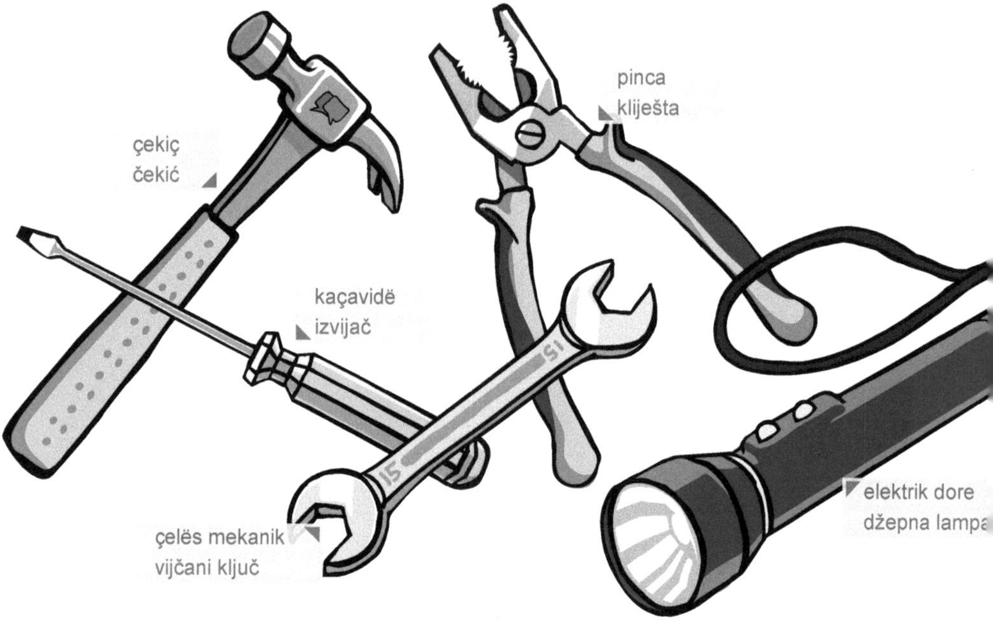
çekiç
čekić
pinca
kliješta
kaçavidë
izvijač
çelës mekanik
vijčani ključ
elektrik dore
džepna lampa

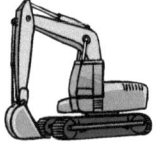

ekskavator

bager

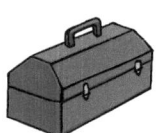

kuti veglash

kutija sa alatom

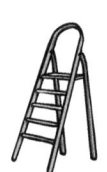

shkallë

ljestve

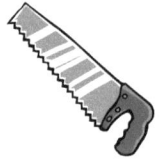

sharrë

testera, pila

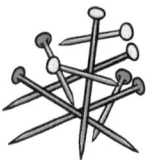

gozhdë

ekser

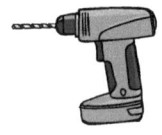

trapan

bušilica

riparoj

popraviti

lopatë

lopata

Dreq!

sranje!

kaci

lopatica

kuti boje

kanta boje

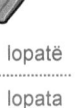

vidhë

vijak

instrumenta muzikorë
muziçki instrumenti

altoparlant
zvučnik

bateri
bubnjevi

kitare
gitara

kontrabas
kontrabas

trompë
truba

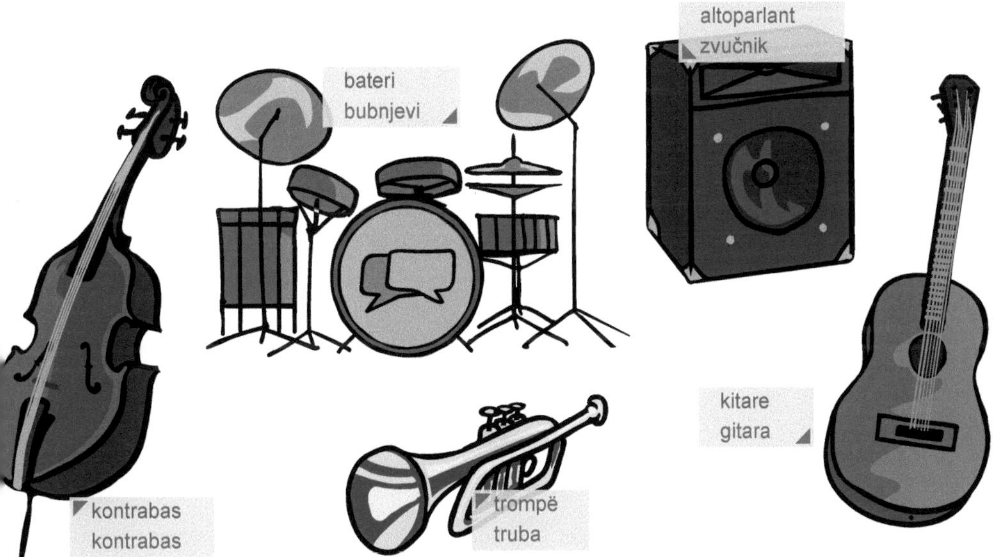

piano

klavir

violinë

violina

bas

bas

tamburë

bubanj timpani

daulle

bubanj

tastierë pianoje

sintisajzer

saksofon

saksofon

flaut

flauta

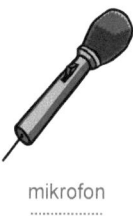

mikrofon

mikrofon

instrumenta muzikorë - muzički instrumenti

kopsht zoologjik

zološki vrt

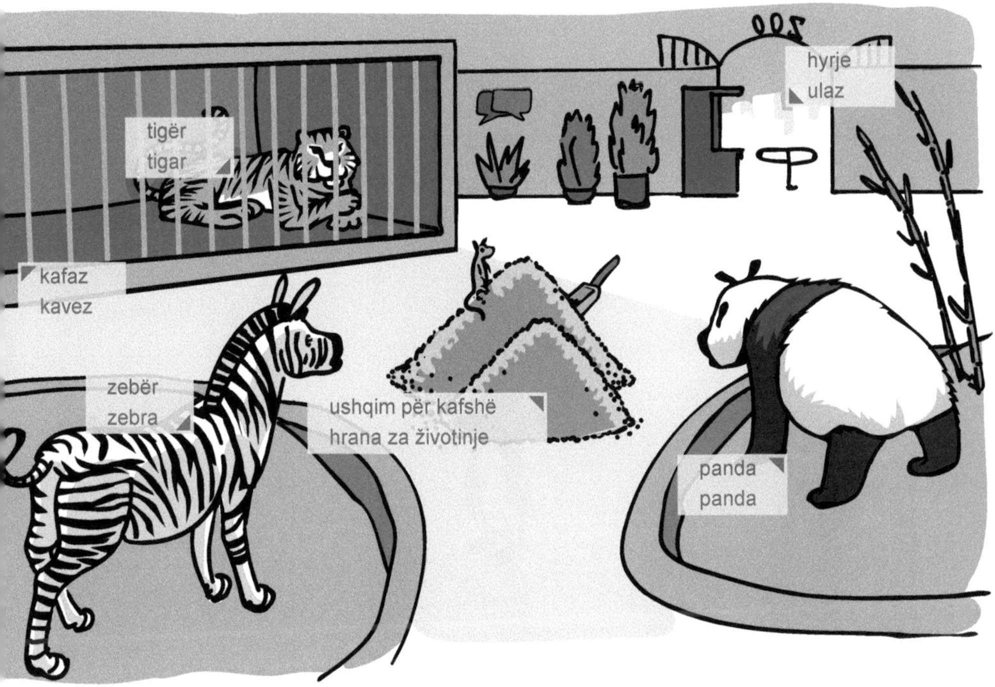

zoo
hyrje
ulaz
tigër
tigar
kafaz
kavez
zebër
zebra
ushqim për kafshë
hrana za životinje
panda
panda

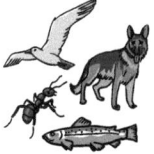

kafshë

životinje

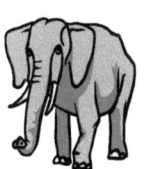

elefant

slon

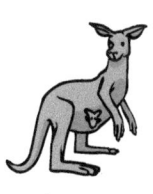

kangur

kengur

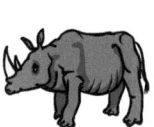

rinoceront

nosorog

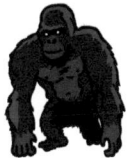

gorillë

gorila

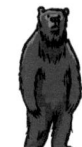

ari

medvjed

deve

kamila

struc

noj

luan

lav

majmun

majmun

flamingo

flamingo

papagall

papagaj

ari polar

polarni medvjed

pinguin

pingvin

peshkaqen

morski pas

pallua

paun

gjarpër

zmija

krokodil

krokodil

punonjës i kopshtit zoologjik

čuvar u zološkom vrtu

fokë

tuljan

xhaguar

jaguar

kopsht zoologjik - zološki vrt

poni
poni

leopard
leopard

hipopotam
nilski konj

gjirafë
žirafa

shqiponjë
orao

derr i egër
divlja svinja

peshk
riba

breshkë
kornjača

lopë deti
morž

dhelpër
lisica

gazelë
gazela

futboll amerikan
američki fudbal

çiklizëm
vožnja bicikla

tenis
tenis

basketboll
košarka

not
plivanje

boks
boks

hokej mbi akull
hokej na ledu

futboll
fudbal

badminton
bedminton

atletikë
laka atletika

hendboll
rukomet

ski
skijanje

polo
polo

aktivitet
aktivnosti

hidhem
skakati
qesh
smijati se
përqafoj
zagrliti
eci
ići
këndoj
pjevati
ëndërroj
sanjati
lutem
moliti
puth
ljubiti

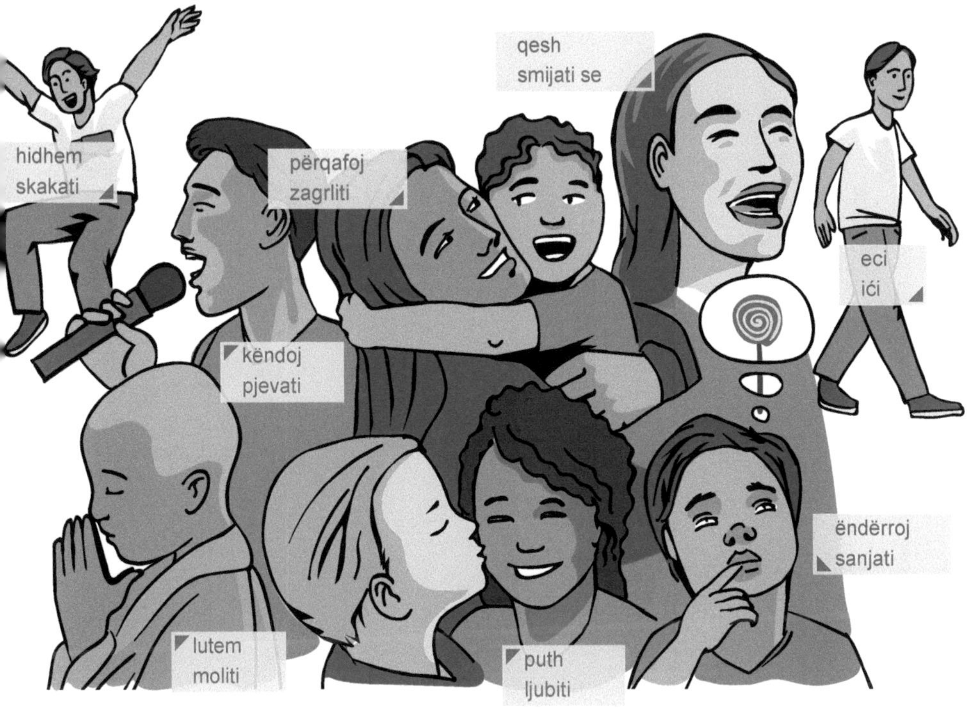

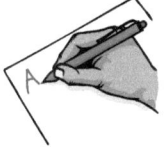

shkruaj

pisati

vizatoj

crtati

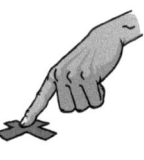

tregoj

pokazati

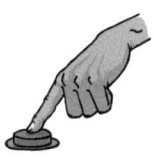

shtyj

gurati

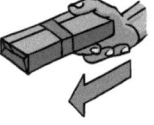

jap

dati

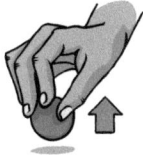

marr

uzeti

kam
imati

bëj
raditi

jam
biti

qëndroj
stajati

vrapoj
trčati

tërheq
vući

hedh
baciti

bie
pasti

shtrihem
ležati

pres
čekati

mbaj
nositi

ulem
sjediti

vishem
obući

fle
spavati

zgjohem
probuditi

shikoj

pogledati

qaj

plakati

përkëdhel

milovati

kreh

češljati

bisedoj

govoriti

kuptoj

razumjeti

kërkoj

pitati

dëgjoj

slušati

pi

piti

ha

jesti

sistemoj

pospremiti

dashuroj

voljeti

gatuaj

kuhati

drejtoj makinën

voziti

fluturoj

letjeti

aktivitet - aktivnosti

65

lundroj

jedriti

llogaris

računati

lexoj

čitati

mësoj

učiti

punoj

raditi

martohem

vjenčavti

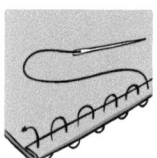

qep

šiti

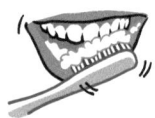

laj dhëmbët

prati zube

vras

ubiti

tymos

pušiti

dërgoj

slati

familje
porodica

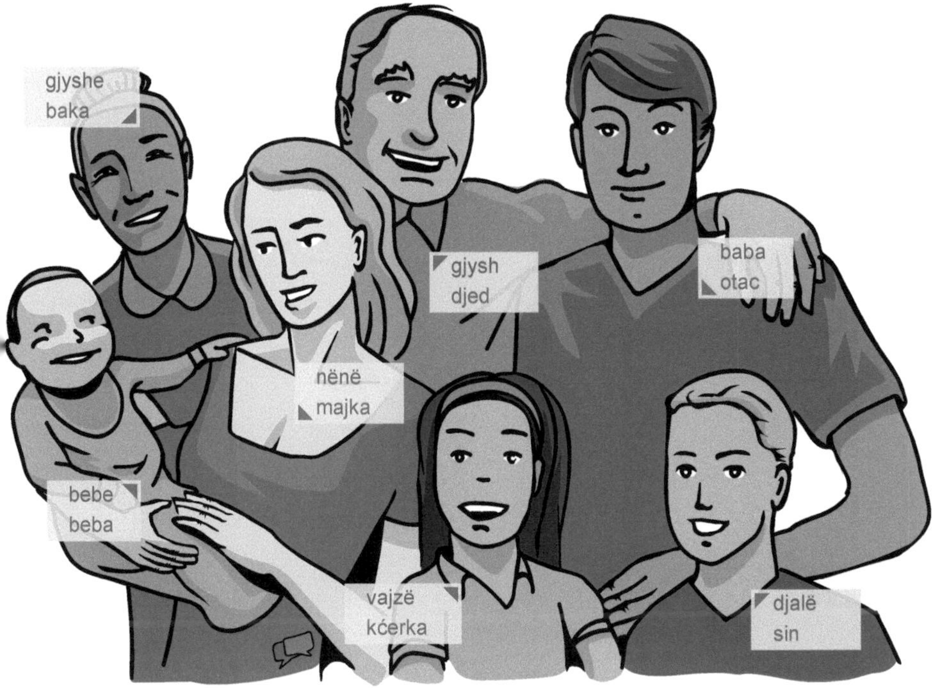
gjyshe
baka
gjysh
djed
baba
otac
nënë
majka
bebe
beba
vajzë
kćerka
djalë
sin

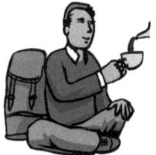

mysafir

gost

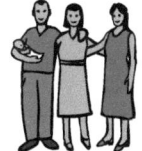

teze, hallë

ujna, tetka, strina

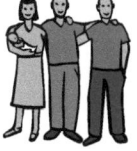

dajë, xhaxha

ujak, tetak, stric

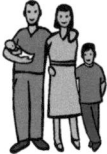

vëlla

brat

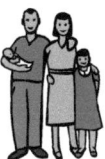

motër

sestra

trupi
tijelo

balli
čelo
syri
oko
shpatulla
leđa
gishti
prst
fytyra
lice
mjekra
brada
dora
ruka, šaka
këmba
noga
kraherori
grudi
krahu
ruka

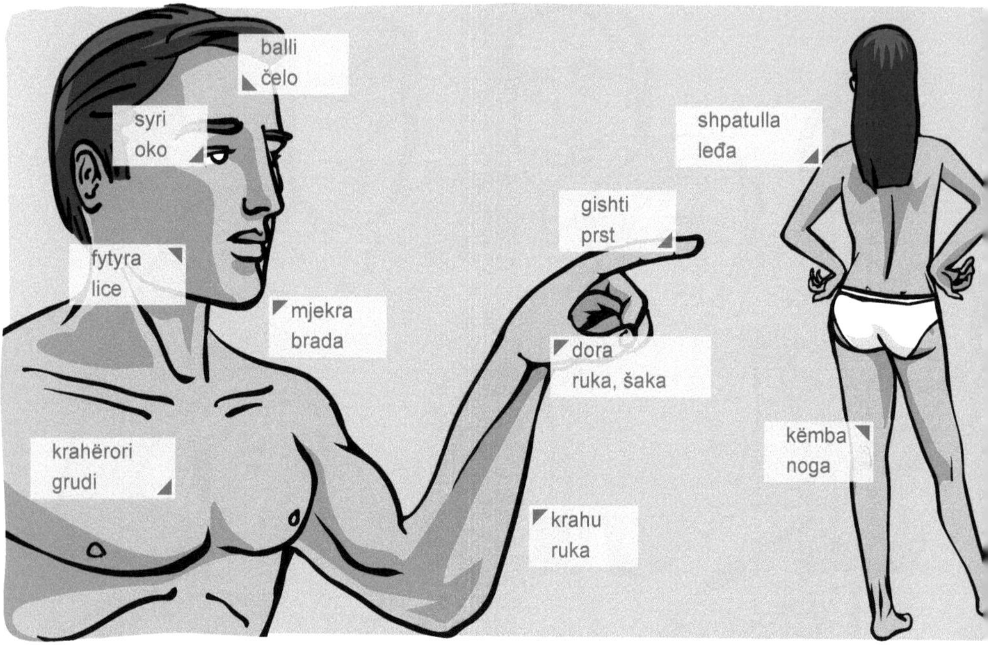

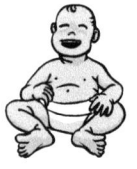

bebe
beba

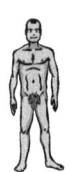

burrë
muškarac

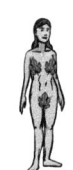

grua
žena

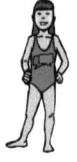

vajzë
djevojčica

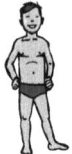

djalë
dječak

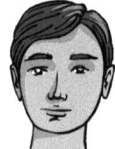

koka
glava

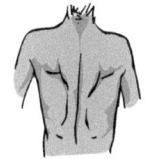

shpina
leđa

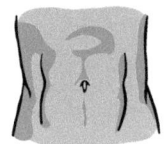

barku
stomak

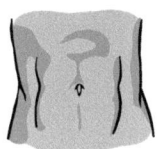

kërthiza
pupak

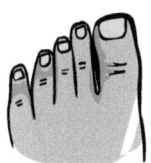

gisht këmbe
nožni prst

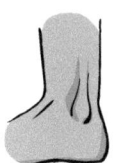

Thembra
peta

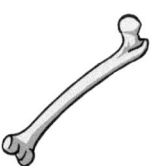

kockë
kosti

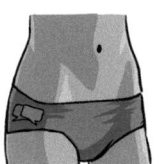

legeni
kuk

gjuri
koljeno

bërryli
lakat

hunda
nos

vithe
stražnjica

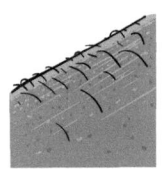

lëkura
koža

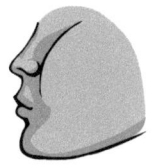

faqja
obraz

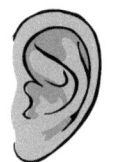

veshi
uho

buza
usna

goja

usta

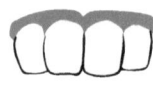

dhëmbët

zub

gjuha

jezik

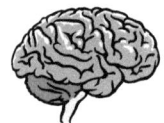

truri

mozak

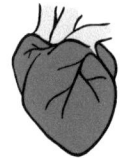

zemra

srce

muskul

mišić

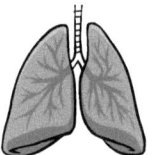

mushkëria

pluća

mëlçia

jetra

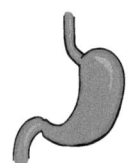

stomaku

želudac

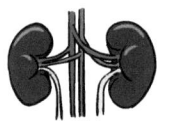

veshka

bubreg

seks

spolni odnos

prezervativ

kondom

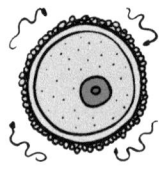

veza

jajna ćelija

sperma

sperma

shtatëzani

trudnoća

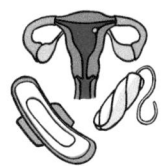

menstruacione

menstruacija

vagina

vagina

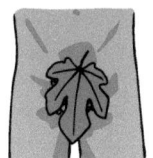

penis

penis

vetulla

obrva

flokët

kosa

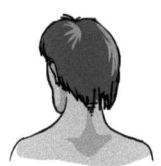

qafa

vrat

spital

bolnica

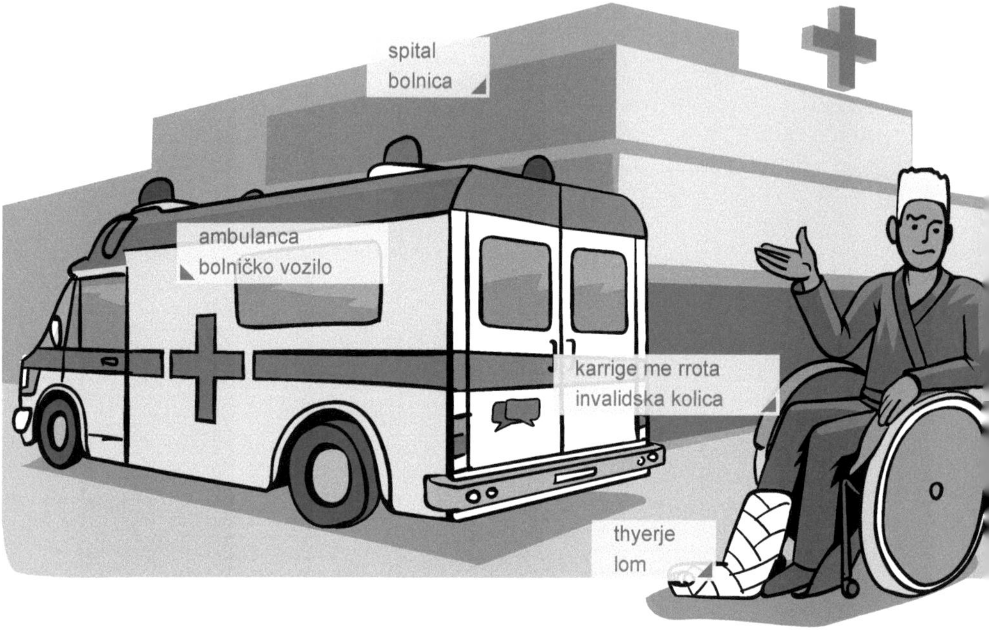

spital
bolnica
ambulanca
bolničko vozilo
karrige me rrota
invalidska kolica
thyerje
lom

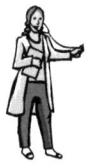

mjek

ljekar

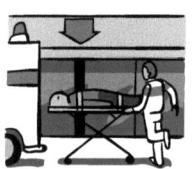

sallë urgjencash

hitna služba

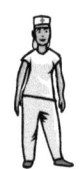

infermiere

medicinska sestra

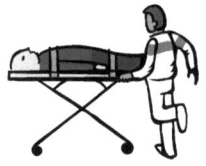

emergjencë

hitna pomoć

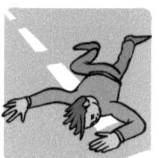

i pandërgjegjshëm

nesvjest

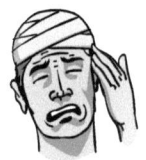

dhimbje

bol

dëmtim

povreda

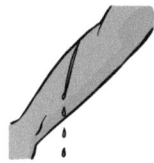

gjakosje

krvarenje

infarkt

srčani udar, infarkt

goditje

moždani udar

alergji

alergija

kolla

kašalj

ethe

groznica

grip

gripa

diarre

proljev

dhimbje koke

glavobolja

kancer

rak

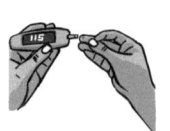

diabet

dijabetes

kirurg

hirurg

bisturi

skalpel

operacion

operacija

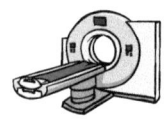

CT (skaner)

CT

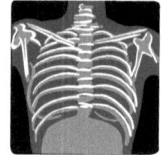

radiografi

rendgen

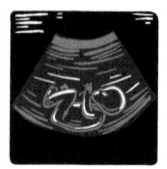

ultratingull

ultrazvuk

maskë fytyre

maska

sëmundje

bolest

dhomë pritjeje

čekaonica

paterica

štake

leukoplast

flaster

fasho

zavoj

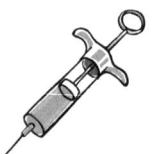

injeksion

injekcija

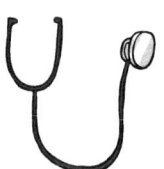

stetoskop

stetoskop

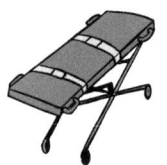

barelë

nosilo

termometër

termometar

lindje

porod

mbipeshë

prekomjerna težina, debljina

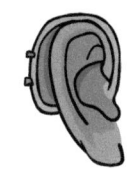

aparat dëgjimi

slušni aparat

dezinfektant

sredstvo za dezinfekciju

infeksion

infekcija

virus

virus

HIV / AIDS

HIV/ AIDS

mjekësi, mjekim

medicina

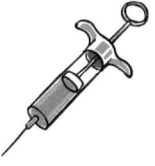

vaksinim

vakcinacija

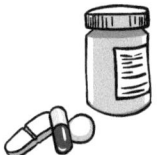

tableta

tablete

pilulë

pilula

elefonatë emergjence

hitni poziv

aparat tensioni

aparat za mjerenje pritiska

i sëmurë / i shëndetshëm

bolestan / zdrav

Ndihmë!

Upomoć!

alarm

alarm

sulm

napad, prepad

atak

napad

rrezik

opasnost

dalje emergjence

izlaz u slučaju opasnosti

Zjarr!

Požar!

fikëse zjarri

vatrogasni aparat

aksident

nezgoda

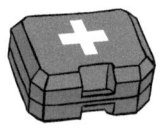

kuti e ndimës së shpejtë

torba prve pomoći

SOS

SOS

policia

policija

Europa

Europa

Amerika e Veriut

Sjeverna Amerika

Amerika e Jugut

Južna Amerika

Afrika

Afrika

Azia

Azija

Australia

Australija

Atlantiku

Atlantik

Paqësori

Pacifik

Oqeani Indian

Indijski okean

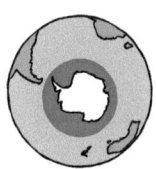

Oqeani Antarktik

Antarktički okean

Oqeani Arktik

Arktički okean

Poli i veriut

Sjeverni pol

Poli i Jugut

Južni pol

Antarktida

Antarktik

toka

Zemlja

tokë

zemlja

det

more

ishull

ostrvo

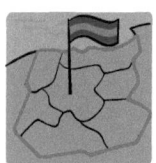

komb

nacija

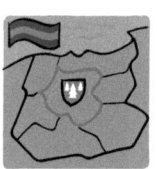

shtet

država

fusha e orës

brojčanik sata

akrepi i orës

kazaljka sata

akrepi i minutave

kazaljka minute

akrepi i sekondave

kazaljka sekunde

Sa është ora?

Koliko je sati?

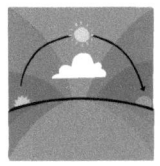

ditë

dan

kohë

vrijeme

tani

sada

orë dixhitale

digitalni sat

minutë

minuta

orë

sat

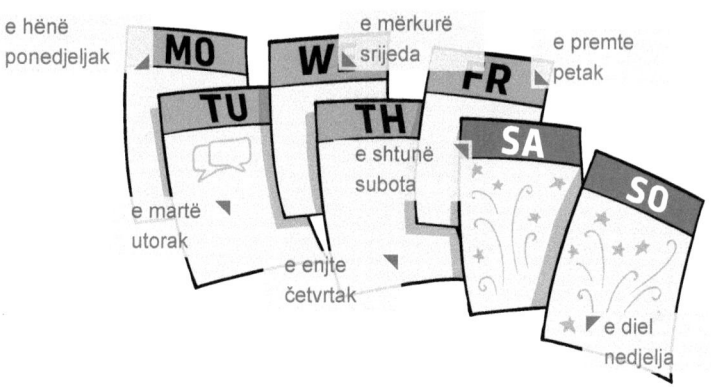

e hënë
ponedjeljak

e mërkurë
srijeda

e premte
petak

e shtunë
subota

e martë
utorak

e enjte
çetvrtak

e diel
nedjelja

dje

juče

sot

danas

nesër

sutra

mëngjes

jutro

mesditë

podne

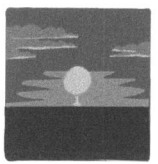

mbrëmje

veče

MO	TU	WE	TH	FR	SA	SU
1	2	3	4	5	6	7
8	9	10	11	12	13	14
15	16	17	18	19	20	21
22	23	24	25	26	27	28
29	30	31	1	2	3	4

ditë pune

radni dani

MO	TU	WE	TH	FR	SA	SU
1	2	3	4	5	6	7
8	9	10	11	12	13	14
15	16	17	18	19	20	21
22	23	24	25	26	27	28
29	30	31	1	2	3	4

fundjavë

vikend

shi
kiša

ylber
duga

borë
snijeg

erë
vjetar

pranverë
proljeće

vjeshtë
jesen

verë
ljeto

dimër
zima

4.APRIL	11°	☀
5.APRIL	4°	☁
6.APRIL	13°	☂
7.APRIL	8°	❄
8.APRIL	10°	☀

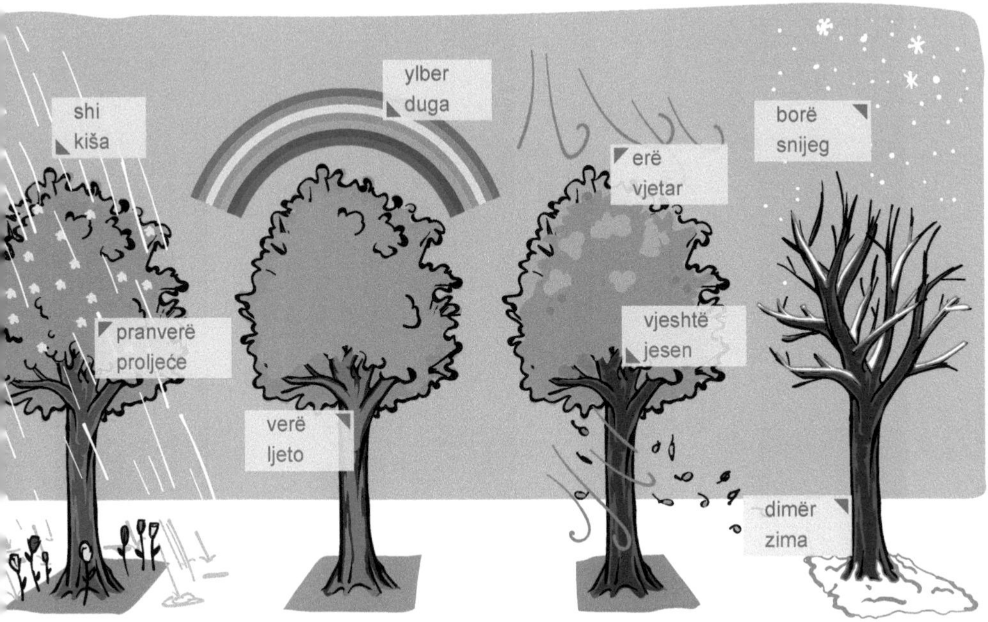

parashikimi i motit
prognoza vremena

termometër
termometar

ndriçim dielli
sunčev sjaj

re
oblak

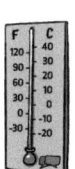

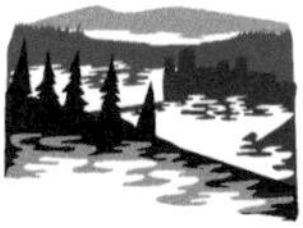

mjegull
magla

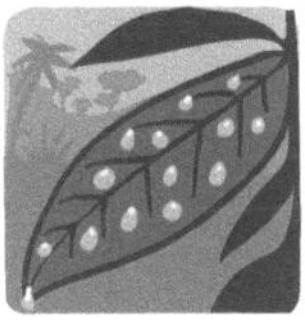

lagështi
vlažnost vazduha

vetëtima
munja

gjëmim
grom

stuhi
oluja

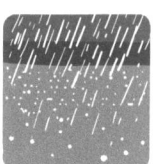

breshër
tuča, led

muson
monsun

përmbytje
poplava

akull
led

janar
januar

shkurt
februar

mars
mart

prill
april

maj
maj

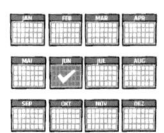

qershor
juni

korrik
juli

gusht
avgust

shtator
....

septembar

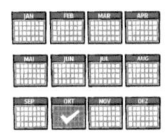

tetor
....

oktobar

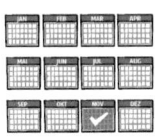

nëntor
....

novembar

dhjetor
....

decembar

forma
oblici

rreth
....

krug

katror
....

kvadrat

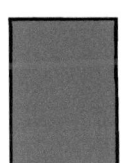

drejtkëndësh
....

pravougao

trekëndësh
....

trougao

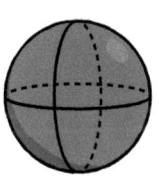

sferë
....

kugla

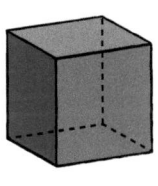

kub
....

kocka

e bardhë

bjel

e verdhë

žut

portokalli

narandžast

rozë

pink

e kuqe

crven

vjollcë

ljubičast

blu

plav

e gjelbër

zelen

kafe

smeđ

gri

siv

e zezë

crn

shumë / pak

malo / mnogo

i nevrikosur / i qetë

ljutit / miran

i bukur / i shëmtuar

lijep / ružan

fillim / fund

početak / kraj

i madh / i vogël

veliki / mali

i ndritshëm / i errët

svijetlo / tamno

vëlla / motër

brat / sestra

e pastër / e pistë

čist / prljav

e plotë / jo e plotë

potpun / nepotpun

ditë / natë

dan / noć

gjallë / vdekur

mrtav / živ

i gjerë / i ngushtë

široko / usko

i ngrënshëm / i pangrënshëm
ukusno / neukusno

i keq / i këndshëm
zao / prijatan

i lumtur / i mërzitur
uzbuđen / dosadan

i shëndoshë / i dobët
debeo / mršav

e para / e fundit
najprije / najkasnije

mik / armik
prijatelj / neprijatelj

plot / bosh
pun / prazan

e fortë / e butë
trvd / mekan

e rëndë / e lehtë
težak / lagan

uri / etje
glad / žeđ

i sëmurë / i shëndetshëm
bolestan / zdrav

e paligjshme / e ligjshme
ilegalan / legalan

i zgjuar / budalla
inteligentan / glup

majtas / djathtas
lijevo / desno

afër / larg
blizu / daleko

e re / e përdorur
nov / polovan

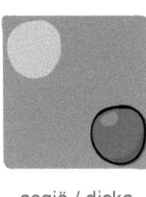

asgjë / diçka
ništa / nešto

i moshuar / i ri
star / mlad

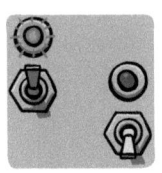

ndezur / fikur
uključeno / isključeno

hapur / mbyllur
otvoreno / zatvoreno

i qetë / i zhurmshëm
tiho / glasno

i pasur / i varfër
bogat / siromašan

e drejtë / e gabuar
tačno / pogrešno

i ashpër / i butë
hrapav / glatak

i mërzitur / i lumtur
tužan / srećan

i shkurtër / i gjatë
kratak / dug

ngadalë / shpejt
spor / brz

i lagësht / i thatë
mokro / suho

ngrohtë / freskët
toplo / hladno

luftë / paqe
rat / mir

0	**1**	**2**
zero	një	dy
nula	jedan	dva

3	**4**	**5**
tre	katër	pesë
tri	četiri	pet

6	**7**	**8**
gjashtë	shtatë	tetë
šest	sedam	osam

9	**10**	**11**
nentë	dhjetë	njëmbëdhjetë
devet	deset	jedanaest

12

dymbëdhjetë

dvanaest

13

trembëdhjetë

trinaest

14

katërmbëdhjetë

četrnaest

15

pesëmbëdhjetë

petnaest

16

gjashtëmbëdhjetë

šesnaest

17

shtatëmbëdhjetë

sedamnaest

18

tetëmbëdhjetë

osamnaest

19

nentëmbëdhjetë

devetnaest

20

njëzetë

dvadeset

100

qind

sto

1.000

mijë

hiljada

1.000.000

milion

milion

anglisht

engleski

anglishte amerikane

amerićki engleski

kinezisht mandarin

kinesko mandarinski

hindi

hindi

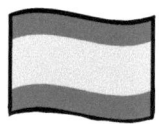

spanjisht

španski

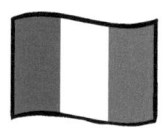

frëngjisht

francuski

arabisht

arapski

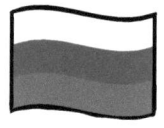

rusisht

ruski

portugalisht

portugalski

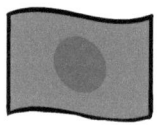

bengalisht

bengalski

gjermanisht

njemački

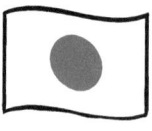

japonisht

japanski

unë
ja

ti
ti

ai / ajo
on / ona / ono

ne
mi

ju
vi

ata
oni

kush?
ko?

çfarë?
šta?

si?
kako?

ku?
gdje?

kur?
kada?

emër
ime

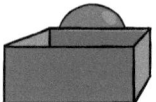

pas

iza

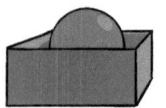

në

u

përballë

pred

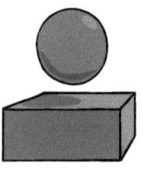

sipër

iznad

mbi

na

poshtë

ispod

pranë

pored

midis

između

vend

mjesto